Wiener Blut

Gabi Baier

Wiener Blut

Deutsch als Fremdsprache

Ernst Klett Sprachen
Stuttgart

Gabi Baier

Wiener Blut

1. Auflage   1   4   3   2   1 | 2012 11 10 09

www.klett.de
www.lektueren.com

Redaktion: Jutta Klumpp-Stempfle
Layoutkonzeption: Elmar Feuerbach
Zeichnungen: Sepp Buchegger, Tübingen
Gestaltung und Satz: Swabianmedia, Stuttgart
Umschlaggestaltung: Elmar Feuerbach
Titelbild: Holger Mette, shutterstock, New York
Druck und Bindung: AZ Druck und Datentechnik GmbH, Heisinger Straße 16, 87437 Kempten/Allgäu
Printed in Germany

Tonregie und Schnitt: Ton in Ton Medienhaus, Stuttgart
Sprecherin : Johanna Niedermüller

ISBN 978-3-12-556021-5

Inhalt

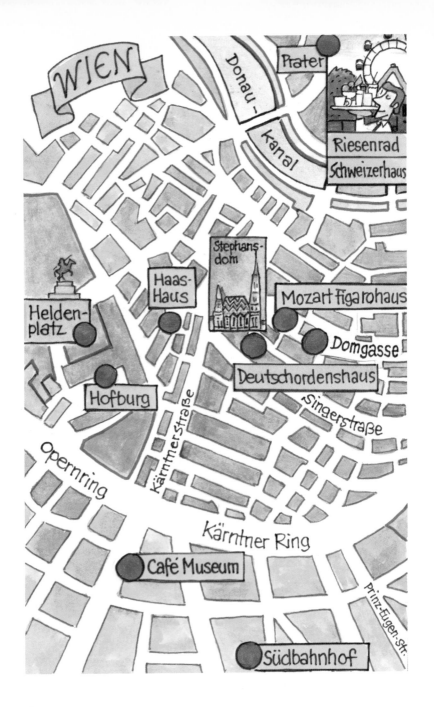

WIEN

Donau-

kanal

Prater

Riesenrad

Schweizerhaus

Stephans-dom

Haas-Haus

Mozart Figarohaus

Helden-platz

Domgasse

Deutschordenshaus

Hofburg

Kärntnerstraße

Singerstraße

Opernring

Kärntner Ring

Café Museum

Prinz-Eugen-Str.

Südbahnhof

Personen

Eva Hájková, 21 Jahre alt, sehr begabte Balletttänzerin. Sie kommt aus Prag und möchte in Wien die Schule von Inge Neururer besuchen. Außerdem möchte sie in einem Film mitspielen.

Anna Lassacher, 22 Jahre alt und auch Balletttänzerin. Sie will aber Medizin studieren. Sie ist eine gute Freundin von Eva, sehr nett und kameradschaftlich.

Inge Neururer, 38 Jahre. Sie ist Ballettlehrerin und hat eine eigene berühmte Schule. Sie ist sehr diszipliniert und streng, aber trotzdem mütterlich und fürsorglich. Inge Neururer hat gute Kontakte zur Filmbranche.

Regina Schlick, 24 Jahre alt. Sehr ehrgeizig und bisher beste Tänzerin bei ,Neururer'. Sie ist sofort eifersüchtig auf Eva.

*

Tobias Hinterseer, 26 Jahre alt, Freund von Regina. Macht keinen sympathischen Eindruck. Scheint Probleme mit sich und der Welt zu haben.

Konstantin Reuter, 43 Jahre alt. Er ist ein erfahrener Regisseur mit Kennerblick.

Jens Winzerer, 24 Jahre alt, arbeitet als Kameramann bei der Arri-Film-AG. Er ist freundlich und sehr engagiert. Jens hat sich auf den ersten Blick in Eva verliebt.

Deutschordenshaus

1

„An Gleis eins: Es fährt gleich ein der Supercity 10.57 Uhr aus *Prag*!"

„Na endlich!" Anna ist ganz aufgeregt.

Sie freut sich sehr auf das Wiedersehen mit ihrer Freundin Eva. Ihre
5 beiden Mütter sind Deutsche und alte Freundinnen, und so kennen
sich die Töchter eben auch schon sehr lange.

Der Zug hält im *Südbahnhof*, und Eva steigt als eine der Ersten aus.
Sie weiß, dass sie erwartet wird. Sie hält Ausschau nach Anna.

„He, … hallo … hier bin ich, Eva!" Anna saust auf ihre Freundin zu
10 und wenig später liegen sie sich in den Armen.

„Endlich bist du da, meine beste Freundin! Wie geht's?"

---

8 **Ausschau halten nach** jemanden suchen – 9 **sausen** sich sehr schnell bewegen

„Leiwand!", sagt Eva und grinst schelmisch.

„Ah, dass du das nicht vergessen hast!" Anna lacht. „Kannst du noch mehr Wienerisch?"

„Nein, das war's auch schon. Leider!"

5 „Du, was meinst, erst ins Hotel oder magst glei an Kaffee?" Anna schaut ihre Freundin fragend an.

„Ehrlich gesagt, lieber erst mal ins Hotel … den Koffer loswerden, ein bisschen ‚frisch machen‘ und so …"

„Okay!" Anna nickt verständnisvoll. „Dann gehen wir am besten
10 gleich zum Taxistand. Komm, hier entlang durch die Halle."

Sie finden gleich ein freies Taxi, und der Taxifahrer verstaut Evas Gepäck im Kofferraum.

„Wo bist' denn überhaupt untergebracht?", fragt Anna.

„Im *Deutschordenshaus*!"

15 „Ah, gut. Dort ist eine Übernachtung, soviel ich weiß, gar nicht so teuer und zentral liegt's auch noch."

„Ja, und selbst Mozart hat dort anno 1781 schon einmal übernachtet", sagt Eva stolz.

„Du bist ja richtig gut informiert, dafür, dass du gar nicht in *Wien*
20 lebst", wundert sich Anna.

„Na, eben darum!", meint Eva.

„Wo woins denn bitschee hin, die Damen?" Der Taxifahrer wird ungeduldig.

„In die *Singerstraße 7*", antwortet Anna schnell.

25 Sie fahren auf der *Prinz-Eugen-Straße* Richtung Zentrum. Der Verkehr ist um diese Zeit sehr dicht. Es geht nur schleppend voran.

„Jessas, de Bim aa no!", schimpft der Taxifahrer vor sich hin.

Und plötzlich schert auch noch der Vordermann ein und zwingt das Taxi zu einer scharfen Bremsung.

30 „Heast … vakräu di mit deiner Tschesn!" Der Taxifahrer droht dem Autofahrer mit der Faust.

---

1 **leiwand** gut, sehr gut – 1 **schelmisch** belustigt – 5 **glei an** gleich einen – 9 **verständnisvoll** voller Verständnis – 11 **verstauen** etwas gedrängt unterbringen – 13 **untergebracht sein** im Hotel wohnen – 22 **wo woins** wo wollen Sie – 22 **bitschee** bitte (schön) – 23 **ungeduldig** nervös – 26 **schleppend** langsam – 27 **Jessas** Mein Gott – 27 **de Bim** die Straßenbahn – 27 **aa no** auch noch – 28 **einscheren** in die Spur fahren – 28 **Vordermann** der Wagen, der vor einem fährt – 30 **heast** hör mal – 30 **vakräu di** mach, dass du wegkommst – 30 **Tschesn** altes Auto

„Mensch, der hat aber ein Temperament", flüstert Anna Eva zu.

„Ja, das kann man wohl sagen, hoffentlich …"

Endlich sind sie vor dem *Deutschordenshaus* angekommen.

„Anna, ich bring schnell meinen Koffer aufs Zimmer und dann

5 können wir ein wenig durch die Stadt bummeln. Einverstanden?"

„Ja, ich warte hier an der Rezeption auf dich!"

1 **flüstern** leise sprechen – 5 **bummeln** ohne Eile spazieren gehen

Stephansdom von außen und von innen / Mittelschiff

2

„So, jetzt kann's losgehen!", meint Eva und strahlt.

„Wollen wir uns zuerst den *Stephansdom* anschauen, wir sind hier ganz in der Nähe?", fragt Anna.

„Ja, gute Idee!"

5 Anna öffnet die Tür, und sie gehen in den Dom hinein.

„Ganz schön mächtig. Hier fühlt man sich richtig … klein … Und all diese Pracht", staunt Eva.

„Ja, dieser Dom ist Österreichs bedeutendstes gotisches Bauwerk."
Sie schauen sich noch die ,Dienstbotenmadonna' und den ,Zahn-
10 wehherrgott' an. Dann gehen die beiden wieder nach draußen.

1 **strahlen** ein fröhliches Gesicht machen – 9 **Dienstbotenmadonna** Figur, die eine Magd zeigt, die zu Unrecht wegen Diebstahls angeklagt war – 9 **Zahnwehherrgott** Halbfigur, die Schmerzen ausdrückt und der Sage nach Spötter mit Zahnweh straft

„Schau mal Eva, hier gegenüber, das *Haas-Haus*! In den großen Glasfenstern kannst du den Dom sehen, er spiegelt sich da drin. So hast du unseren *Steffl* mehrfach, besonders mit den schönen bunt glasierten Dachziegeln und …", schwärmt Anna.

5 „Was bedeutet denn *Steffl*?"
„So nennen die Wiener liebevoll ihren *Stephansdom*."
Anna zieht Eva, die sich gar nicht von dem Anblick lösen kann, am Ärmel weiter.
„Wo gehen wir denn jetzt hin?", fragt Eva.
10 „Weil du ja vorhin schon von Mozart gesprochen hast, gehen wir gleich um die Ecke in die *Domgasse*."
„So, meine liebe Eva, hier stehst du jetzt vor der einzigen, als Gedenkstätte erhaltenen Mozart-Wohnung in *Wien* … Er war ein Gehetzter: In *Wien* hat er sage und schreibe zwölf Quartiere in nur
15 zehn Jahren gehabt!"
„Oje, der Arme! Heißt dieses Haus nicht auch *Figarohaus*?"
„Ganz genau! Bravo!" Anna ist beeindruckt. „In diesem Domizil hat er die Oper ‚Figaro' komponiert."

4 **schwärmen** ganz begeistert von etwas oder jemandem sprechen – 14 **ein Gehetzter** eine Person ohne Ruhe – 14 **sage und schreibe** tatsächlich, wahrhaftig

Untergehakt bummeln die beiden weiter, die *Kärntner Straße* entlang.

„Also, diese Geschäftsstraßen sehen ja mittlerweile fast überall gleich aus", kommentiert Eva.

5 „Da hast du Recht! Und deshalb gehen wir jetzt ins Museum."
Eva schaut ein wenig irritiert, denn auf einen Museumsbesuch hat sie eigentlich gar keine Lust.

„So, da wärn wir!" Anna
10 öffnet die Tür.

„Aber …!"

„Hier gibt's jetzt erst einmal einen Kaffee und Kuchen." Anna lacht über
15 Evas erstauntes Gesicht.

„Dieses ‚Museum' ist ein bekanntes ‚Kaffeehaus' … na, ein Café halt."

6 **irritiert** verwundert

Sie setzen sich an einen freien Tisch. Eva sieht sich um. Die Leute lesen Zeitung, unterhalten sich angeregt … überwiegend junges Publikum.

„Bitschee, die Damen?", fragt ein Kellner.

5 „Ich hätte gern einen ‚Verlängerten' … und ein Stück ‚Sacher'."

„Das nehme ich auch", sagt Eva schnell.

„Was bekomme ich denn jetzt eigentlich?", fragt sie Anna, nachdem der Kellner weggegangen ist.

Anna kichert. „Ein ‚Verlängerter' ist ein ‚Schwarzer' mit Wasser
10 verdünnt."

„Äh, … und was ist ein ‚Schwarzer'?", will Eva wissen.

„Das ist bei uns hier in *Wien* ein starker schwarzer Kaffee, praktisch ein Mokka … Und Sachertorte kennst du doch, oder?"

„Ja, klar!", antwortet Eva ein bisschen eingeschnappt.
15 „Ich bin doch nicht blöd …", denkt sie für sich.

Der Kellner kommt recht schnell mit ihrer Bestellung, und die beiden genießen still ihren Kaffee und ihren Kuchen.

„Du, Anna …", sagt Eva nach einer Weile, „kann ich dich was fragen … wie ist denn die Neururer so?"
20 „Super!", antwortet Anna spontan. „Sie ist sehr streng … o ja! Aber sie ist auch sehr fürsorglich und nett und hilfsbereit … Sie will halt das Beste aus ihren Mädels machen …, dass sie bei der Oper unterkommen oder besser noch beim Film."
25 besser noch beim Film."

„Ich habe gehört, dass sie einem dabei auch sehr behilflich sein kann. Stimmt das?"
30 „Ja, sie hat wirklich gute Kontakte zum Fernsehen und zur Filmbranche", erklärt Anna.

9 **kichern** leise und mit hoher Stimme lachen – 13 **Sachertorte** eine dunkle Schokoladentorte mit etwas Marillenmarmelade und einer dunklen Schokoladenglasur *(siehe S. 33)* – 14 **eingeschnappt** beleidigt – 21 **fürsorglich** jemand ist liebevoll um das Wohl von jemandem bemüht

„Und was genau bedeutet ‚streng'?", fragt Eva besorgt.

„Sie verlangt sehr viel Disziplin. Bestimmte Figuren werden halt so oft geübt, bis sie perfekt ‚sitzen'."

„Damit habe ich kein Problem. Das kenne ich von unserer Schule."

5 Eva ist erleichtert.

„Und … Anna, du hast kein Problem damit, dass wir beide jetzt sozusagen Konkurrentinnen sind?"

„Nein, absolut nicht. Außerdem … ich habe einen Studienplatz in Medizin, ab Winter, und das Tanzen wird ein Hobby, kein Beruf",

10 erzählt Anna lächelnd.

„Das wusste ich ja noch gar nicht. Fantastisch! Dann hat sich ja dein Traum erfüllt. Und vielleicht erfüllt sich meiner auch, wenn ich …", träumt Eva vor sich hin.

„Klar! Du wirst die Hauptrolle bekommen und … Tanzen ist doch

15 deine Leidenschaft! Das merkt jeder sofort." Anna schaut ihre Freundin aufmunternd an.

„Meinst du wirklich?" Eva ist nicht sicher, ob ihre Freundin Recht hat.

„Du wirst sehen, morgen lernst du die anderen kennen und kannst

20 vergleichen."

1 **besorgt** voller Sorge – 16 **aufmunternd** jemandem Mut machen

3

„Und Position eins, rechter Fuß: Point, Flex, Point Flex ... den Rücken gerade, das Kinn oben, meine Damen und jetzt Plié, Relévé." Inge Neururer ist noch nicht zufrieden mit ihren Mädchen. Sie klatscht in die Hände:

5 „Bitte, mehr Disziplin ... Noch einmal: Position eins, rechter ..." Es klopft.

„Ja, bitte? ... Ah, guten Tag Anna, und Sie haben

10 auch gleich unsere Neue mitgebracht ... Kommen Sie ruhig näher. Herzlich willkommen!" Inge Neururer gibt Eva die Hand.

15 „Meine Damen, darf ich Ihnen vorstellen: Das ist Eva Hájková. Sie kommt aus *Prag*. Sie möchte mit

uns tanzen und an dieser Ausschreibung teilnehmen für die Rolle
20 in dem Film, äh, wie heißt der noch gleich ...?"

„Kommissar Brandner auf der Jagd nach dem weißen Gold", antworten die Mädchen schon fast wie im Chor.

Sie begrüßen Eva mit „Hallo!" und „Servus!" und lächeln sie freundlich an. Nur ein Mädchen schaut ziemlich böse.

25 „Ich sehe, Sie sind schon umgezogen. Dann tanzen Sie uns doch ein paar Schritte vor, Eva", meint Frau Neururer.

Eva stellt sich in Position und tanzt eine Choreographie, die sie sich für diesen Moment ausgedacht hat. Am Ende steht sie in der vierten Position und verneigt sich vor den anderen.

---

1 **Point** gestreckter Fuß – 1 **Flex** angewinkelter Fuß – 2 **Plié** kleiner Knicks – 2 **Relévé** auf den Ballen stehend – 19 **die Ausschreibung** wie eine Anzeige für eine neue Stelle – 21 **der Kommissar** Dienstgrad bei der Polizei (Kriminalbeamter)

16

„Sehr gut, außergewöhnlich! Diese Leichtigkeit!", ruft Inge Neururer, die normalerweise sehr zurückhaltend mit Komplimenten ist.
Die meisten Mädchen klatschen Beifall, aber einigen sieht man deutlich an, dass sie neidisch sind.

5 „So, meine Damen, jetzt alle noch einmal: Position eins …"
Später im Umkleideraum kommen ein paar Mädchen auf Eva und Anna zu: „Was meint ihr, wollen wir heute Abend ein bisschen ausgehen? Seid's dabei?"
„Wo soll's denn hingehn?", fragt Anna.

10 „Na, die Eva ist doch neu in *Wien* … Also geht's zum *Prater*, ins *Riesenrad* und *Wien* von oben genießen!", antwortet Regina, die vorher gar nicht so freundlich geschaut hat. „Ich muss nur noch schnell telefonieren …"
Kurze Zeit später sind alle umgezogen und Regina winkt mit ihrem

15 Handy: „Also auf geht's … gemma!"
Sie nehmen die U1 zum *Praterstern.*

---

1 **außergewöhnlich** sehr besonders – 2 **zurückhaltend sein** etwas nicht oft tun – 2 **das Kompliment, -e** Lob – 4 **neidisch sein** unzufrieden sein, dass eine andere Person etwas kann, was man selbst nicht kann – 8 **seid's** seid ihr – 11 **genießen** Freude an etwas haben – 15 **gemma** gehen wir

Riesenrad im Prater

4

„Schau mal Eva, ist das nicht wunderschön? So viele Lichter!" Anna stupst Eva ein bisschen in die Seite. Sie hat ganz in Gedanken
5 versunken vom *Riesenrad* aus hinuntergeschaut.
„Ja, wunderschön!", flüstert Eva.
Es ist mittlerweile schon fast zehn Uhr abends. Und nach einem
10 Bummel über den *Prater* mit einem kleinen Imbiss, viel Spaß

4 **in Gedanken versunken** verträumt – 11 **der Imbiss** kleine Mahlzeit

und einem gewonnenen Teddybären war die Fahrt im *Riesenrad* der absolute Höhepunkt.

*

„Wir sind jetzt 65 Meter hoch, wisst ihr das?", kreischt Maxi, eines der Mädchen aus dem Ballett, ganz begeistert.

5 „Hilfe, mir wird schwindelig!", ruft Regina, die die Höhe gar nicht gut verträgt. Sie ist schon ganz blass.

„Hoffentlich sind wir bald wieder unten …!"

„Ah, das dauert noch, … wir bewegen uns pro Sekunde nur 75 cm weiter, das Ding hat schließlich schon ein paar Jahre auf dem Buckel:

10 Es wurde 1898 errichtet für das 50-jährige Regierungsjubiläum vom Kaiser Franz", erzählt Maxi weiter. Sie ist stolz auf ihr Wissen.

„Ach, hör schon auf, davon geht's mir erst recht nicht besser!", erwidert Regina genervt. Sie ist jetzt echt sauer.

Irgendwann ist die Fahrt zu Ende und die Mädchen steigen aus.

15 Maxi und ein anderes Mädchen haken Regina unter, denn es geht ihr wirklich nicht gut.

Anna folgt ihnen, Eva bleibt stehen und schaut sich noch einmal das große *Riesenrad* von unten an. Sie sieht nicht den Mann in dem schwarzen Kapuzenhemd,

20 der ganz zielstrebig auf sie zukommt. Als er auf gleicher Höhe mit ihr ist, rempelt er sie an und stellt ein Bein so, dass sie darüber

25 fallen muss.

Zum Glück dreht Anna sich in dem Moment um und kann Eva gerade noch auffangen, bevor sie

30 gestürzt wäre.

---

3 **kreischen** laut und schrill schreien – 5 **schwindelig** wenn sich alles dreht im Kopf – 6 **blass** weiß im Gesicht – 9 **ein paar Jahre auf dem Buckel** haben alt sein – 10 **errichten** (auf)bauen – 10 **das Regierungsjubiläum** Feier, weil jemand eine bestimmte Zeit an der Macht ist – 13 **erwidern** antworten – 13 **genervt** verärgert – 13 **sauer sein** verärgert, wütend sein – 20 **zielstrebig** direkt

„He …, Sie Rüpel … Sie, was machen Sie denn da?", ruft Anna dem Mann hinterher. Er verschwindet ganz schnell in der Dunkelheit. Maxi hat den Vorfall auch gesehen und sagt zu Regina: „Sag mal, der Typ … der sah aus wie dein Tobias?"

5   „Mein Tobias? Ja, spinnst jetzt? Was soll der denn hier?", schimpft Regina.

„Schon gut … Mir ist ja nichts passiert!", beschwichtigt Eva die anderen.

„Lasst uns nach Hause gehen, es ist schon spät und morgen ist ja
10   wieder Training." Mit diesen Worten nimmt Anna Eva am Arm und sie gehen Richtung Ausgang.

---

1 **der Rüpel** Mann, der sich schlecht benimmt – 3 **der Vorfall** Ereignis – 5 **spinnen** verrückt sein –
7 **beschwichtigen** beruhigen

„Uff, das reicht für heute. So ein hartes Training hatten wir schon lange nicht mehr", meint Anna.

„Ja, mir tut auch alles weh … Ah, wo ist nur mein Bett?", fragt Maxi und lacht.

5 „Dir scheint das ja alles gar nichts auszumachen?!", sagt Regina zu Eva. Ihr Blick ist dabei nicht gerade freundlich.

„Ja, … äh, nein, nicht wirklich. Ich bin hartes Training gewöhnt … Und mir macht Tanzen einfach Spaß. Es strengt mich nicht an", antwortet Eva.

10 „Strengt mich nicht an!", äfft Regina Eva nach. „So eine Angeberin!", sagt sie leise, aber dennoch hörbar, zu den anderen Mädchen.

„Alle mal herhören!", ruft Frau Neururer. „Unser Training war hart, wie Sie ja alle bemerkt haben …"

Ein allgemein zustimmendes Gemurmel ist die Antwort.

15 „Und deshalb …", Inge Neururer macht eine Pause, um die Spannung zu erhöhen, „… gibt es heute Abend zur Belohnung und als kleinen Einstand für Eva ein gemeinsames Essen. Wir treffen uns um 20 Uhr im ,Schweizer'. Freunde sind willkommen."

Sofort greifen Maxi und Regina nach ihren Handys.

20 Im ,Schweizerhaus' essen einige Mädchen nur eine Krautsuppe, auch Eva. Andere essen Wiener Schnitzel mit Pommes frites. Tobias, Reginas Freund, 25 trinkt dazu mehr als ein Krügel Bier. Frau Neururer bestellt nur einen Heurigen und ein Mineralwasser.

---

8 **anstrengen** sehr müde machen – 10 **nachäffen** nachmachen – 10 **die Angeberin** Person, die gerne erzählt, was sie alles kann – 14 **das Gemurmel** wenn viele Personen leise sprechen – 16 **die Belohnung** was man bekommt, wenn man etwas gut gemacht hat – 17 **der Einstand** eine kleine Feier, wenn man neu an einem Arbeitsplatz ist – 22 **Wiener Schnitzel** s. S. 32 – 28 **der Heurige** frischer, neuer Jahreswein

6

„Entschuldigung!", sagt Eva. Sie kommt am nächsten Morgen eine halbe Stunde zu spät zum Training. „Aber mir geht es heute gar nicht gut!"

„Ja, das sieht man, Mädel! War etwas mit Ihrem Essen gestern
5 Abend nicht in Ordnung?", fragt Frau Neururer besorgt.

„Ich weiß nicht …" Eva zuckt mit den Schultern. Im Augenwinkel sieht sie noch, wie Regina ein kleines böses Grinsen im Gesicht hat.

„Wird's denn trotzdem gehen?",
10 will Inge Neururer wissen.

„Ja, … irgendwie schon." Eva nickt.

„So, meine Damen!", ruft die Lehrerin die Mädchen zur Ord-
15 nung. „Morgen wird es ernst, denn da kommen die Herren vom Film – der Regisseur und sein Kameramann – und suchen aus!" Sofort konzentrieren sich die
20 Tänzerinnen nur noch auf ihr Training.

---

6 **mit den Schultern zucken** die Schultern kurz und schnell nach oben ziehen, weil man etwas nicht weiß – 7 **das Grinsen** auf eine bestimmte Weise lächeln (z.B. böse, fröhlich)

Heldenplatz und Neue Hofburg

7

„Also, ich stell' mir die Szene folgendermaßen vor: Unsere Primaballerina tanzt auf dem *Heldenplatz* vor der *Neuen Hofburg*. Du gehst dann mit deiner Kamera in die Totale und bleibst nah an ihr dran", erklärt der Regisseur Konstantin Reuter. Er sitzt im Auto neben seinem Kameramann Jens Winzerer.

„Ist denn schon klar, wer ...?", fragt Jens.

„Nein, nein, ... das müssen wir noch entscheiden", antwortet Konstantin Reuter genervt. Er will sich in seinen Gedanken jetzt durch solche Fragen nicht stören lassen.

„Also weiter in der Szene: Die anderen Balletttänzerinnen tanzen um sie herum. Die Musik spielt: ‚Wien, Wien, nur du allein ...' Und

---

2 **die Primaballerina** erste Tänzerin in einem Ballett – 11 **„Wien, Wien ..."** *siehe Seite 32*

dann ... Action ... kommt unser Held, der Brandner, mit seiner Harley an und rast an unserer Primaballerina vorbei ... ganz knapp ... über den *Heldenplatz* ...“

„Klar!“, sagt Jens automatisch.

5 „Dann laufen die Mädchen auseinander, sie schreien laut, ... er überschlägt sich und ... Cut. Das wird super, ja, echt super ...“, bestärkt Konstantin sich selbst.

„Und dann wird sie, ich meine die Primaballerina, die ... ‚Assistentin‘ vom Brandner und hilft ihm bei der Suche nach dem
10 Heroindealer?“, fragt Jens.

„Genau! Wir suchen also eine Tänzerin mit schauspielerischem Talent ... hübsch, fotogen ... Wir machen eine Unbekannte zum Star. Das ist die Idee!“ Der Regisseur ist sehr zufrieden mit sich.

„Äh, hast du alles dabei, Kamera, Beleuchtung ...?“, fragt Konstantin,
15 als er aus dem Auto steigt.

„Sorry, hab’ ich alles vergessen, Boss!“, antwortet Jens mit einem Grinsen und hält seinem Chef die Tür zum Ballettstudio auf.

---

2 **Harley** Motorrad – 2 **rasen** sehr schnell fahren – 6 **Cut** im Film, Ende einer Szene – 10 **Heroindealer** Person, die mit Drogen handelt – 14 **Beleuchtung** Lampen

24

8

Als sie den langen Flur entlanggehen, kommt ihnen ein junger Mann im dunklen Kapuzenhemd entgegen. Er kam gerade aus einem der Räume. Er hat es sehr eilig.

„Was macht denn ein Mann hier?", wundert sich Jens. Er dreht
5 sich um und liest, was auf der Tür steht. „… Und dann noch in der Garderobe???"

„Ah, … hallo!" Frau Neururer kommt auf die beiden zu. „Die Herren von der Arri-Film-AG. Ich bin Frau Neururer, die Leiterin der Ballettschule. Guten Tag!"

10 „Guten Tag! Konstantin Reuter, Regisseur, und das ist Jens Winzerer, unser Kameramann."

„Sie müssen entschuldigen, aber meine Mädels sind noch kurz in der Pause, sie kommen aber in spätestens zehn Minuten."

„Das ist perfekt! Dann kann ich mir den Raum und die Beleuchtung
15 ansehen und überlegen, wo die Kamera am besten steht … Ich hole schon mal die notwendigen Sachen aus dem Auto …", sagt Jens.

Als er gerade die Eingangstür öffnen will, kommt ihm eine Gruppe schwatzender und lachender Mädchen entgegen.

„Wow …, ist die aber hübsch!
20 Dunkle Haare, dunkle Augen. Super Figur!" Er dreht sich nach Eva um. „Hoffentlich wird die's!", denkt er.

Ungefähr eine Viertelstunde
25 später hat Jens alles für die Probeaufnahme vorbereitet. Ein paar der Mädchen sind auch schon umgezogen und warten, unter ihnen eine sehr nervöse
30 Regina.

„Autsch, aua …!" Ein sehr lauter Schrei kommt aus der Garderobe. Alle laufen schnell dorthin.

---

4 **sich wundern** sich fragen – 6 **die Garderobe** Raum, in dem man sich umzieht – 18 **schwatzen** sinnlose Dinge sagen

„Oh, nein, doch nicht die Hübsche!", denkt Jens spontan, als er Eva am Boden sitzen sieht. Ihr rechter Fuß blutet stark.

„Ach, du liebe Güte! Was ist denn hier passiert? Eva, … !" Frau Neururer kommt und beugt sich über Evas rechten Fuß.

5 „Einen Arzt, schnell!", ruft Inge Neururer. Anna holt schnell ihr Handy und …"

Zehn Minuten später ist der Arzt da. Er untersucht Evas Fuß.

„Ah, Glück gehabt, Mädchen. Die Wunde ist nicht so tief, wie sie aussieht. Ich verbinde jetzt die Wunde und gebe Ihnen noch ein

10 Schmerzmittel …", beruhigt der Arzt Eva. Die nickt.

„Wird sie tanzen können?", fragt Inge Neururer.

„Ich denke schon …Was meinen Sie denn selbst?" Der Arzt schaut Eva an.

„Ich versuche es auf alle Fälle!", sagt Eva entschlossen.

3 **Ach, du liebe Güte!** *hier:* Ausruf des Erschreckens – 8 **die Wunde** Verletzung

9

„Das ist bestialisch!" Jens hält Evas Ballettschuh in der einen Hand, in der anderen hält er einen Glassplitter. Er ahnt Böses.

„Sehen Sie, hier!", sagt Jens und hält den Splitter hoch. „Der war in der Spitze von Evas

5 Schuh!"

„Also … nein! … Wer macht denn so etwas?!" Frau Neururer ist ganz entsetzt und schaut ihre

10 Mädchen der Reihe nach an.

„Als Herr Reuter und ich vorhin den Flur entlanggingen, kam uns

15 ein Kerl entgegen – im Kapuzenhemd. Er wollte absolut nicht gesehen werden", erzählt Jens.

„Ja, das ist doch dein Tobias, Regina! Der trägt doch nur so was!", ruft Maxi spontan dazwischen.

20 „Halt die Gosch'n …!", fährt Regina sie an.

„Moment mal! Was wollen Sie damit sagen? Hier war ein Mann in unserer Schule?", will Inge Neururer ganz aufgeregt wissen.

Jens erzählt weiter: „Also, der junge Mann kam ganz offensichtlich aus der Garderobe hier …"

25 „Ja, das kann ich bestätigen", unterbricht ihn Konstantin Reuter.

„Die Mädchen waren ja noch in der Pause, … er hatte Zeit und … er war allein, … er konnte an die Fächer und diesen Splitter in aller Ruhe …", fährt Jens fort.

„So 'was wird der Tobi nie, nie tun! Niemals!" Regina ist total

30 aufgeregt. „Außerdem, … er kommt gleich, … er wollt' zuschauen, da können'S ihn gleich fragen, dann werden'S ja sehen! Des is a Netter!" Regina kommen jetzt die Tränen.

---

1 **bestialisch** grausam, unmenschlich – 2 **ahnen** etwas nicht genau wissen, vermuten – 9 **entsetzt** schockiert – 20 **die Gosch'n** Mund – 25 **bestätigen** auch sagen, zustimmen

„Wenn man vom Teufel spricht ...", sagt Anna. „Schau, da ist er schon, der Tobias!" Alle drehen sich zur Tür.

Tobias schaut in die Runde. Er sieht Jens mit der Scherbe in der Hand und Konstantin Reuter und ... läuft weg.

5 „Tobias, ... bleib da! Du hast doch nichts zu verbergen ... oder?!", ruft ihm Regina total verzweifelt hinterher.

Jens läuft hinter dem flüchtenden Tobias her. Konstantin Reuter ebenfalls.

Schon ein paar Minuten später kommen sie zurück – Jens Winzerer

10 und Konstantin Reuter halten Tobias fest. Der hat den Blick gesenkt und schaut niemanden an.

„Ich glaube, unser Freund hier hat einiges zu erzählen: Na, los, rede!" Jens ist richtig

15 sauer.

„Ich ... war's!", sagt Tobias so leise, dass es kaum jemand verstehen kann.

„Was?", rufen ein paar der

20 Mädchen und auch Frau Neururer.

„Ich ... war das alles!", flüstert Tobias. „Ich hab' versucht, die Eva zu ... na, da im *Prater*

25 ... Ich hab' ihr was ins Essen getan, beim ‚Schweizer' ... und, ja, ich hab' auch die Glas..." Weiter kommt er nicht.

„Ja, aber warum denn ... WARUM?", fragen fast alle gleichzeitig.

„Na, wegen meiner Spielschulden!"

30 „Wegen Ihrer Spielschulden?" Inge Neururer ist entsetzt.

„Ich hab' gedacht, wenn die Regina ..., na, wenn die Regina die Hauptrolle in diesem Film da kriegt ... dann gibt sie mir was von dem Geld und ..."

---

1 **Wenn man vom Teufel ...** jemand, über den man gerade gesprochen hat, kommt – 5 **verbergen** nicht zeigen wollen – 10 **den Blick senken** auf den Boden schauen – 28 **gleichzeitig** zur selben Zeit – 29 **Spielschulden** Schulden, die jemand hat, weil er beim Spiel verloren hat

„Ja, Tobias! Bist denn komplett narrisch worden?!" Regina kann nicht glauben, was sie da hört.

„Ich hab' gedacht, ich tu dir an Gefallen. Du hast so hart trainiert und dann diese …, diese Neue da, die nimmt dir alles weg …!"

5 „Mensch, Tobias! Ja, ich war neidisch, … ich war auch eifersüchtig, aber ich würd' doch nie, ich hätt' nie …!" Regina Schlick verlässt schluchzend die Garderobe.

---

1 **narrisch** verrückt – 5 **eifersüchtig** wenn man so sein möchte wie eine andere Person –
7 **schluchzend** laut und heftig weinend

10

„Gut, dass wir das Vortanzen um einen Tag verschoben haben!",
sagt Frau Neururer zu Konstantin Reuter. Beide schauen begeistert
den tanzenden Mädchen zu.

„Eva geht es wieder gut, wie man sieht. Regina hat sich beruhigt und
5   Tobias … na ja … der geht uns eigentlich nichts an." Frau Neururer
lächelt.
„Ja, ein Schock für die Regina, aber … zumindest hat er sich hinterher
entschuldigt", meint Konstantin Reuter. Er schaut zu Jens hinüber.
Der ist ganz konzentriert hinter seiner Kamera.
10   „Na, wen er wohl favorisiert?", fragt sich Konstantin Reuter. „Hm …
ich kann's mir eigentlich denken."
In dem Moment schaut Jens zu ihm herüber, beide lächeln. Sie
schauen in die gleiche Richtung. Ihre Entscheidung steht fest: EVA!

10 **favorisieren** vorziehen, lieber mögen

So sagt man in Wien

aa no	auch noch
de Bim	die Straßenbahn
bitschee	bitte (schön)
gemma	gehen wir (lass uns gehen)
glei an	gleich einen
die Gosch'n	der Mund
heast	hör mal
leiwand	gut, sehr gut
narrisch	verrückt
Seid's dabei?	Macht ihr mit? / Seid ihr dabei?
Tschesn	altes Auto
vakräu di	mach, dass du wegkommst
Wo woins …?	Wo wollen Sie …?

Eigene Notizen

Das gibt es bei uns!

① **Wien, du Stadt meiner Träume** *(Refrain)*
Wien, Wien, nur du allein
Sollst stets die Stadt meiner Träume sein!
Dort, wo die alten Häuser stehn,
Dort, wo die lieblichen Mädchen gehn!
Wien, Wien, nur du allein
Sollst stets die Stadt meiner Träume sein!
Dort, wo ich glücklich und selig bin,
Ist Wien, ist Wien, mein Wien!

Rudolf Sieczynski (1914)

② **Wiener Schnitzel mit Pommes frites**

Guten Appetit!

Verschiedene Kaffeespezialitäten

Schwarzer: starker schwarzer Kaffee (Mokka)

Verlängerter: Schwarzer (oder Brauner) mit Wasser verdünnt

Brauner (großer oder *kleiner):* Schwarzer mit Milch

Melange: Kaffee mit aufgeschäumter Milch

Einspänner: Doppelter Mokka mit viel Schlagobers (Sahne) – im Glas serviert

Fiaker: Kaffee mit einem Schuss Rum

Und dazu ein Stück *Sachertorte!*

Fragen und Aufgaben zu den einzelnen Kapiteln

1 Was ist richtig? Kreuzen Sie an.

1. Eva und Anna sind Freundinnen.
   Sie kennen sich über
   A ihre Mütter ☐
   B die Ballettschule ☐
   C einen tschechisch-
      österreichischen Austausch ☐

2. „Leiwand" ist österreichisch für
   A es geht so ☐
   B sehr gut ☐
   C leidend ☐

2 Wie ist der Taxifahrer? Welche Adjektive passen?

freundlich ☐
hilfsbereit ☐
cholerisch ☐
unhöflich ☐
gelassen ☐
hektisch ☐
gesprächig ☐
unterhaltsam ☐

3 Antworten Sie.

1. Was ist das *Deutschordenshaus*?

   _____

2. Wo liegt es?

   _____

3. Was war dort 1781?

   _____

Kapitel 2

1 Wie ist der Weg der beiden Freundinnen durch die Stadt?

1. Wie ist die richtige Reihenfolge?

   Café Museum ☐
   Kärntner Straße ☐
   Stephansdom ☐
   Figarohaus ☐
   Deutschordenshaus ☑1
   Haas-Haus ☐

2. Notieren Sie. Verwenden Sie folgende Wörter.

dann • später • zuerst • zum Schluss • danach

   Vom Deutschordenshaus aus gehen sie zuerst …

   _____

   _____

   _____

2 Ergänzen Sie.

1. Der *Stephansdom* ist ein sehr _____ Bauwerk der Gotik.

2. Auf Evas Frage antwortet Anna _____, dass Frau Neururer als Lehrerin sehr gut ist.

3. Das *Café Museum* ist _____ für seine gute Atmosphäre und die große Auswahl an Kaffee.

4. In diesem Café verkehren _____ junge Leute.

5. Frau Neururer ist äußerst _____, wenn es darum geht, ihren Ballettschülerinnen eine Stelle zu besorgen.

6. Der *Stephansdom* heißt im Volksmund auch _____ „Steffl“.

> überwiegend • bedeutend • bekannt •
> hilfsbereit • liebevoll • spontan

3 Antworten Sie.

1. Was machen Eva und Anna im „Museum“?

   _____

   _____

2. Was kann man dort noch machen?

   _____

3. Was ist ein „Verlängerter“?

   _____

Kapitel 3

1 Antworten Sie.

1. Was machen die „Mädchen" gerade,
   als Eva und Anna in die Ballettschule
   kommen?

   _____

   _____

2. Wie heißt der Film, in dem alle mitspielen wollen?

   _____

3. Was für eine Art Film könnte das sein?

   _____

Kapitel 4

1 Finden Sie die richtige Antwort.

1. Es ist 65 Meter hoch und von dort hat man einen wunderschönen
   Blick auf *Wien*. Was ist das?

   _____

2. Wo kann man Teddys „gewinnen", einen Imbiss bekommen, sich
   vergnügen und vieles mehr?

   _____

3. Wer könnte den „Anschlag" auf Eva verübt haben? Was vermuten Sie?

   _____

4. Welchen Grund könnte die Person haben?

   _____

Kapitel 5

1 Wer sagt das? Frau Neururer (N), Eva (E), Anna (A), Maxi (M) oder Regina (R)? Kreuzen Sie an.

	N	E	A	M	R
1. „Das reicht für heute."	☐	☐	☐	☐	☐
2. „So ein hartes Training hatten wir schon lange nicht mehr."	☐	☐	☐	☐	☐
3. „Mir tut auch alles weh."	☐	☐	☐	☐	☐
4. „Alle mal herhören!"	☐	☐	☐	☐	☐
5. „Strengt mich nicht an!"	☐	☐	☐	☐	☐
6. „Wo ist nur mein Bett?"	☐	☐	☐	☐	☐
7. „Ich bin hartes Training gewöhnt."	☐	☐	☐	☐	☐
8. „Heute Abend gibt es zur Belohnung … ein gemeinsames Essen."	☐	☐	☐	☐	☐
9. „So eine Angeberin!"	☐	☐	☐	☐	☐
10. „Mir macht Tanzen einfach Spaß."	☐	☐	☐	☐	☐

2 Antworten Sie.

1. Wo trifft sich die Balletttruppe nach dem Training?

_____

2. Was isst Frau Neururer?

_____

3. Wer ist außer den Mädchen auch dabei?

_____

Kapitel 6

1 Was ist richtig? Kreuzen Sie an.

Eva geht es nicht gut.

A Sie hat zu viel trainiert. ☐

B Eva hat am gestrigen
Abend im ‚Schweizerhaus'
zu viel Alkohol getrunken. ☐

C Möglicherweise war mit
dem Essen etwas nicht in Ordnung. ☐

2 Was wird für den nächsten Tag erwartet?

_____

Kapitel 7

1 Wie soll die Filmsequenz ablaufen? Wie ist die richtige Reihenfolge?

Die Mädchen laufen auseinander. ☐
Brandner überschlägt sich. ☐
Die Mädchen schreien laut. ☐
Die Mädchen tanzen um die Primaballerina herum. ☐
Die Primaballerina hilft Brandner bei der Suche
nach dem Heroindealer. ☐
Die Musik spielt „Wien, Wien, nur du allein ..." ☐
Brandner kommt mit seiner Harley an. ☐
Die Primaballerina tanzt auf dem *Heldenplatz*. ☐1

Kapitel 8

1 Richtig (👍) oder falsch (👎)? Kreuzen Sie an.

👍 👎

1. Jens und Konstantin kommt ein Mann in dunklem
   Kapuzenhemd entgegen. ☐ ☐
2. Die Balletttänzerinnen trainieren gerade. ☐ ☐
3. Frau Neururer und die Mädchen begrüßen die beiden Männer. ☐ ☐
4. Jens hat noch Zeit zu überlegen, wo die Kamera am
   besten steht. ☐ ☐
5. Jens holt die Sachen aus dem Auto. ☐ ☐
6. Eva kommt Jens allein entgegen. ☐ ☐
7. Jens findet Regina besonders hübsch. ☐ ☐

2 Finden Sie die richtige Antwort.

1. Was passiert in der Garderobe?

   _____

   _____

2. Was denkt Jens?

   _____

3. Was sagt der Arzt?

   _____

4. Wie reagiert Eva?

   _____

Kapitel 9

1 Was meint Jens mit „bestialisch"?

    A Dass man in solchen
       spitzen Schuhen tanzen
       muss. ☐

    B Dass jemand einen
       Glassplitter in die Spitze
       des Schuhs getan hat. ☐

    C Dass in der Garderobe
       Glassplitter herumliegen. ☐

2 Antworten Sie.

1. Wie reagiert Frau Neururer, als
   sie den Glassplitter sieht?

   _____

   _____

2. Warum ist Regina so verzweifelt?

   _____

   _____

3. Warum hat Tobias das getan?

_____

_____

Kapitel 10

1 Was meinen Sie? Notieren Sie.

1. Was ist mit Tobias passiert?

_____

_____

2. Warum lächeln Jens und Konstantin, als sie sich ansehen?

_____

_____

Fragen und Aufgaben zum gesamten Text

1 Eva und Anna sind in *Wien* unterwegs. Welche „Plätze" liegen etwas außerhalb vom Zentrum?

Notieren Sie.

_____

_____

_____

_____

| Prater • Kärntner Straße • Stephansdom • Südbahnhof • Haas-Haus • Schweizerhaus • Heldenplatz • Figarohaus • Riesenrad |

2 Was passiert wann? Wie ist die richtige Reihenfolge?

- ☐ Ein paar Mädchen besuchen den *Prater*.
- ☐ Die Männer von der Arri-Fim-AG kommen in die Ballettschule.
- ☐ Frau Neururer feiert mit ihren „Mädchen" Evas Einstand.
- ☐1 Eva und Anna machen einen Stadtbummel.
- ☐ Eva hat ihren ersten Auftritt in der Ballettschule.
- ☐ Eva wird vor dem *Riesenrad* attackiert.
- ☐ Tobias gesteht seine Schuld.
- ☐ Eva hat den „Wettbewerb" gewonnen.
- ☐ Jens und Konstantin besprechen den Ablauf der Filmszene.
- ☐ Eva sitzt in der Garderobe, ihr Fuß blutet stark.

3 Sie kennen nun alle Personen. Welche Beschreibung passt zu welcher Person?

Eva

Anna

Frau Neururer

Regina

Maxi

Tobias

Jens

1. Sie tanzt leidenschaftlich gern und gut. _____

2. Sie ist sehr kameradschaftlich. _____

3. Er interessiert sich für Eva. _____

4. Sie liebt den Tanz und engagiert sich sehr für ihre Schülerinnen.

_____

5. Sie sagt immer spontan ihre Meinung zu allen Geschehnissen.

_____

6. Er ist hilfsbereit und freundlich. _____

7. Er hat sehr viele Probleme. _____

8. Sie ist neidisch und eifersüchtig auf alle, die besser tanzen als sie.

_____

9. Sie wird Medizin studieren. _____

10. Ihr sehnlichster Wunsch geht in Erfüllung. _____

11. Er scheut auch vor kriminellen Taten nicht zurück. _____

Lösungen

Fragen und Aufgaben zu den einzelnen Kapiteln

Kapitel 1

1 1. A, 2. B

2 *Persönliche Meinung*

3 1. Es ist eine Unterkunft / ein Hotel.
2. Es liegt mitten in der Stadt / Singerstraße 7 / in der Nähe des „Steffl".
3. Mozart hat dort übernachtet.

Kapitel 2

1 1. 6, 5, 2, 4, 1, 3
2. *Möglichkeit:* ... zum Stephansdom und danach schauen sie das Haas-Haus an. Dann gehen sie zum Figarohaus. Später bummeln sie die Kärntner Straße entlang. Zum Schluss gehen sie ins Café Museum.

2 1. bedeutendes, 2. spontan, 3. bekannt, 4. überwiegend, 5. hilfsbereit, 6. liebevoll

3 1. Sie trinken einen „Verlängerten" und essen ein Stück Sachertorte.
2. Man kann Leute beobachten, sich unterhalten, Zeitung lesen.
3. Das ist ein „Schwarzer" mit Wasser verdünnt.

Kapitel 3

1 1. trainieren, üben, tanzen
2. Kommissar Brandner auf der Jagd nach dem weißen Gold
3. Krimi, Thriller, Actionfilm ...

Kapitel 4

1 1. das Riesenrad
2. im Prater
3. *Möglichkeit:* Freund oder Bekannter von Regina
4. *Möglichkeit:* Hilfe für Regina, die neidisch auf Eva ist

Kapitel 5

1 1. A, 2. A, 3. M, 4. N, 5. E / R, 6. M, 7. E, 8. N, 9. R, 10. E

2 1. im Schweizerhaus
2. nichts
3. Tobias, Reginas Freund

Kapitel 6

1 C

2 *Möglichkeit:* Das Filmteam (Der Regisseur und sein Kameramann) kommt (kommen) zu Probeaufnahmen. Es sucht (Sie suchen) jemand für die Hauptrolle in dem Film aus.

Kapitel 7

1 5, 7, 6, 2, 8, 3, 4, 1

Kapitel 8

1 1. 👎, 2. 👍, 3. 👍, 4. 👎, 5. 👎, 6. 👍, 7. 👍

2 1. Eva schreit laut, ihr Fuß blutet.
2. „Oh, nein, doch nicht die Hübsche!"
3. „Ah, Glück gehabt, Mädchen. Die Wunde ist nicht so tief, wie sie aussieht …"
4. Sie reagiert stark, sie sagt: „Ich versuche es auf alle Fälle!"

Kapitel 9

1 B

2 1. entsetzt / schockiert; Sie kann nicht glauben, dass jemand aus ihrer Truppe so etwas tut.
2. Sie kann nicht glauben, dass ihr Freund so etwas getan hat.
3. Er hat Spielschulden und hat gehofft, dass ihm Regina – wenn sie die Hauptrolle in dem Film bekommt – etwas Geld gibt. / Er hat gedacht, er tut seiner Freundin einen Gefallen.

Kapitel 10

1 *Möglichkeit:*
1. Er ist weggelaufen. / Er wird bestraft.
2. Beide denken im selben Moment dasselbe. / Beide favorisieren Eva.

Fragen und Aufgaben zum gesamten Text

1 Prater, Südbahnhof, Schweizerhaus, Riesenrad

2 3, 7, 5, 1, 2, 4, 9, 10, 6, 8

3 1. Eva, 2. Anna, 3. Jens, 4. Frau Neururer, 5. Maxi, 6. Jens, 7. Tobias, 8. Regina, 9. Anna, 10. Eva, 11. Tobias

Bildquellen

S.8 © S.Referat wien.at online, Wien; S.11 links © Ullstein BildGmbH (Caro/Muhs), Berlin; S.11 rechts © iStockphoto (JohnSigler), Calgary, Alberta; S.12 © shutterstock (A. Langauer), New York; S.13 oben © Mauritius Images (Cash), Mittenwald; S.13 unten © laif (Berthold Steinhilber), Köln; S.18 © iStockphoto(Hermann Danzmayr), Calgary, Alberta; S.23 © shutterstock (Taras Vyshnya), New York; S.32 © shutterstock (Bernd Jürgens), New York; S.33 © Fotolia LLC (Franz Pfluegl), New York; S.35 © Referat wien.at online, Wien; S.39 © shutterstock (Taras Vyshnya), New York; S.43 © iStockphoto(Hermann Danzmayr), Calgary, Alberta

Weitere Hefte in der Reihe:

Kalt erwischt in Hamburg
ISBN 978-3-12-556001-7

Der Schützenkönig vom Chiemsee
ISBN 978-3-12-556002-4

Verschollen in Berlin
ISBN 978-3-12-556033-8

Die Loreley lebt!
ISBN 978-3-12-556004-8

Das Auge vom Bodensee
ISBN 978-3-12-556009-3

Die Lerche aus Leipzig
ISBN 978-3-12-556010-9

Gefährliches Spiel in Essen
ISBN 978-3-12-556011-6

Heiße Spur in München
ISBN 978-3-12-556012-3

Das Herz von Dresden
ISBN 978-3-12-556020-8